JO, MOS IK VËLLA

AGIM GASHI

Donika Cela

Youcanprint *Self-Publishing*

Titolo | JO, MOS IK VËLLA AGIM GASHI
Autore | Donika Cela
Redaktor | Sylejman Aliu
Immagine di copertina a cura dell'autore

ISBN | 978-88-91199-57-7

Youcanprint Self-Publishing

Via Roma, 73 - 73039 Tricase (LE) - Italy
www.youcanprint.it
info@youcanprint.it
Facebook: facebook.com/youcanprint.it Twitter:
twitter.com/youcanprintit

Biografia e Agim Gashit

Agim Gashi u lind më 27.07.1954 në fashatin Akllap
të Komunës së Lypjanit. Ishte fëmija i parë i Hamitit
dhe Fikrijes për të qenë, pastaj, 8 fëmijë, katër motra
e katër vëllezër.
Shkollën fillore katërklasëshe e kreu në vendlindje,
ndërsa katër klasët e tjera në Janjevë dhe Sllovi.
Akademinë e mësuesisë e kreu më 1973 dhe u
inkuadrua si mësues, së pari në fshatin e lindjes e
pastaj në Janjevë. Ndërkohë, vazhdoi studimet në
gjuhë dhe letërsi. Meqenëse Agimi në shpirt kishte
tërësisht gjak këngeje e muzike, sepse që nga viti
1973 ishte edhe këngëtar i rregullt i RTP-së, kjo e
rrëmben për ta shkëputur nga studimet, për të
vazhduar shkollimin e zërit tek profesori i njohur
Terpkov nga Shkupi, që ishte baritonisti më i njohur
i kohës. Në këtë kohë ai merrej edhe me folklorin,
ku ishte edhe bashkëpunëtor i jashtëm i Institutit
Albanologjik të Prishtinës, seksioni i
etnomuzikologjisë dhe i folklorit. Këtu pati rastin të
bashkëpunojë ngusht me prof. Anton Çettën, Bahtir
Shehollin, Anton Berishën, dr. Zekiria Canën,
Rexhep Munishin, etj.
Qysh në vegjëli Agimi pati fatin të bie në kontakt
me "Lahutën e malsisë" të At Gjergj Fishtës dhe me
shumë vepra të tjera të rilindasëve, që, në atë kohë të
zorshme dhe të rrezikshme, i mbante fshehur familja
e tij.

Babai dhe axhallarët panë se te Agimi gufonte një talent i rrallë, si në këndim, ashtu edhe në recitime të vargjeve. Qysh në moshën dhjetëvjeçare ai, thuaja, e këndonte dhe e recitonte "Lahuten e Malcisë", për ç'ka, fshat më fshat, endej, me gomar e me kalë për t'i prezentuar aftësitë në dasmat e ahengjet e kohës. Nuk është çudi, pra, që sot dorëshkrimet e Agimit numërojnë mbi dhjetëmijë tituj të këngëve dhe të poezive të shkruara nga dora e tij e që, fatkeqësiht, një pjesë shumë e vogël e tyre është publikuar . Do të ishte fatkeqësi që ky arsenal të mbetet në sirtarë apo edhe të humbë fare. Vlenë të përmendim se poezinë e parë Agimi e botoi në moshën dhjetëvjeçare në gazetën "Pionieri".

Agimin nuk do e gjejmë vetëm me këngën dhe me poezinë e tij, por edhe në demonstratat e viti 1968, 1981, 1989… Për këtë, nga regjimi komunist ai qe dënuar me vite burgim, qe keqtrajtuar, persekutuar dhe izoluar. Dhe, në fund, në janarin e vitit 1994, derisa gjendej i mërguar nga dhuna, atij ia vranë djalin, Ninelin, 17-vjeçarë e që sot e atëherë nuk ia di as varrin.

Menjëherë pas daljes nga burgu më 1989 dhe pak më vonë edhe nga izolimi, edhe pse disa herë e rrahën mizorisht dhe barbarisht, ai nuk e ndali aktivitetin as ilegal e as atë legal, as të këngës e as të shkrimeve, ku për çdo ngjarje Agimi thurte nga një këngë për të mbetur histori e paharruar e kombit.

Viti 1990 Agim Gashi i bashkohet karvanit të pajtimtarëve për t'u bërë krah i djathtë i Anton Çettës, Don Lush Gjergjit, Zekiria Canës, Hoxhë

Kokrrukut e shumë e shumë veprimtarëve të pajtimit. Buçima e këngës së tij jehonte fuqishëm në trojet etnike dhe zbuste edhe zemrat prej guri për ta shtri doren e pajtimit. I gjurmuar dhe i përcjellë nga policia serbe, i rrahur dhe i persekutuar me dhjetra herë u detyrua ta lë vendlindjen e të migrojë në Slloveni, me qëllim të vazhdimit të aktivitetit të tij. Aty, në Lubjanë, Agimi u kyç menjëherë në aktivitetet e shoqatës "Migjeni", ku pati rastin të veprojë me njerëzit, që në atë kohë qëndronin atje, siç ishin: Ukshin Hoti, Sali Kabashi, Naim Maloku, Halil Matoshi, Shemsi Reçica, Abedin Maliqi e shumë të tjerë.

E kemi për obligim të cekim se të vetmit Ukshin Hoti dhe Agim Gashi, për shkak të kushteve vështira ekonomike, banonin në konviktin e nxënësve "Zvijezni Center" të Lubjanës. Gjatë qëndrimit në Lubjanë Agimi nuk ndejti duarkryq, por me shpenzimet e veta nxori albumin dypjesësh "I këndojmë Kosovës, i këndojmë demokracisë", që më vonë, me ndihmën e vëllëzërve Kuzhnini dhe në përkujdesjen e prof.dr. Zekiria Canës dhe të prof.dr.Shaban Hashanit, u shumëzuan në "Jugoton" të Zegrebit. Ky album u shpërnda në të gjitha trojet etnike, por një sasi e konsiderueshme, u konfiskua nga policia serbe, duke mos menduar ata se kënga dhe Agim Gashi nuk mund të ndaleshin as me dhunë e as me terror. Aktiviteti i tij tani ishte përqëndruar në Zagreb, ku pati rastin të punonte atëherë me Fehmi e Xhevë Lladrovcin, tash dëshmorë të kombit dhe me të burgosur të tjerë politikë shqiptarë e me ata kroat, me Tuxhmanin, Mesiqin, Grakaliqin, dr. Langun, me minatorët e Trepçës, me delegatët e Kuvendit të Kaçanikut, si dhe me shumë personalitete të jetës politike dhe kulturore të kohës. Është i njohur koncerti i Zagrebit, organizuar nga shoqata "Nëna Tereze", ku Agimi, në prani të delegatëve të Kushtetutës së Kaçanikut dhe të mijëra spektatorëve, i këndoi Kushtetutës së Kaçanikut. Gjatë qëndrimit në Kroaci Agimi ishte gjithnjë në shoqëri me prof. dr. Zekiria Canën dhe me veprimtarë të tjerë, duke formuar aktivet e LDK-së në tërë qytetet kroate si dhe në shumë aktivitete të tjera.

Helmimi i nxënësve në Kosovë Agimin e trondit thellë, kështu që duhej vepruar akoma. Ai kalon në Sarajevë për ta vazhduar aktivitetin e tij. Atje, në atë kohë, familjet boshnjake dhe kroate, në organizimin e Këshillit për ndihma Kosovës, ku kryetar ishte këngëtari boshnjak Safet Isoviq, organizuan ftesën me qëllim këndelljeje të 1500 fëmijve shqiptarë, që ishin helmuar nga soldateska serbe. Agimi edhe këtu angazhohet në mënyrë të veçantë, duke u takuar edhe me Alia Izetbegoviqin, Halil Çengiqin, Fikret Abdiqin etj. Pas qëndrimit dyjavor të fëmijëve shqiptarë në BH, dita kulmore ishte organizuar në sallen "Zetra" të Sarajevës, ku me anë të koncertit, ku do të kënduan Safet Isoviq, Hanka Palldu dhe Agim Gashi, do i thuhet lamtumirë fëmijve mysafirë. Kënga për falenderimin e organizatorit dhe popullit të Bosnjës, që aq ngusht solidarizohej me vuajtjet tona, Agimi kishte komponuar një këngë, që

e tërë salla, prej 30 mijë njerëzish, buçiste duke
kërkuar përsëritjen. Ovacionet i shaktuan rrjeshtat e
fundit të këngës, ku thuhej, pas falenderimeve, edhe
"Të na rrojnë Ibrahimi dhe Alia"!
Jeta në Sarajevë iu vështirësua, prandaj Agimi
detyrohet patjetër të kthehet në Kosovë ilegalisht.
Pas qëndrimit dymujor, policia i bie në gjurmë dhe e
arrestojnë, duke e maltratuar mizorisht.
Pas disa ditësh e lirojnë, por i konfiskohen të gjitha
dikumentet i identifikimit dhe se çdo ditë duhej të
lajmërohej në polici. Një ditë të vitit 1992, policia
serbe e Lypjanit nuk arriti ta kapte Agimin. Ai tani,
me ndihmën e disa miqëve, ishte në Shkup tek miku
i tij Mala. Atje i sigurohet një pasaport falso dhe
merr rrugëne e mërgimit. Me sharkinë e tij, ai së pari
e fillon këngën në Vjenë të Austrisë. Disa koncerte
humanitare për 3%-shin e RKS, Agimi ishte i pari që
e filloi këtë aksion për të mos u ndalur as sot me
këngë dhe me shkrime. Duhet të përmendim edhe
faktin se, në qoftë se Agimi kishte marrë për veten e
tij parat e fituara nga qindra e qindra koncerte e
tubime të tjera, ai do të ishte njeriu më i pasur i yni.
Por, ai të gjitha të ardhurat i dhuronte në
destinacionet për të varfër e për luftën. Thjesht, ai e
ka shpirtin dhe zemrën të mbushur me dashuri për
atdheun dhe popullin, sepse një jetë vuajtje e kaloi
duke mos u ndalur. Pastaj, si mund të harrohen
qindra mbrëmje letrare-muzikore që Agimi i
organizonte me mikun e tij, poetin Ali Podrimja,
pastaj me Azem Shkrelin e ndjerë, me skulptorin

Agim Çavdërbasha, poeten Lindita Arapi, Faruk
Tashollin etj.
Tani Agimi pothuaj s'ka as kushte minimale për të
jetuar. Gjatë një vizite në banesën e tij, Agimi
shpaloste shumë mirënjohje, diploma e dekorata, por
që fatkeqësisht ato nuk i'a lehtësonin jetën e varfër.
Fati deshi që Agimi të vuaj shumë. Detyrohet ta
lëshonte punën në radion DW-lle ku punonte, për t'u
kujdesur për vajzën e tij Azalenë. Atë e rriti me
mund, ndaj dhe sot ai ndjehet fitimtar dhe i pasur
moralisht.
Shtëpinë, që e pati në qendër të Lypjanit, ia dogjën
serbet. Askush deri më sot, jo vetëm që s'i erdhi
dikush në ndihmë, por përkundrazi, kërkohej koka e
tij. Që nga çlirimi e këndej atij i bëhen maltratime në
aeroportin e Prishtinës duke e mbajtur para mases si
peng nga gjysmë ore, derisa të vijë një epror tjetër e
t'i lejohet hyrja apo edhe dalja nga Kosova. Një gjë
e tillë t'i ndodhë njeriut, që dha shumë për lirinë e
këtij kombi, është e padrejtë, absurde dhe e
turpshme.
Fatkeqësisht, Agim Gashi sot vuan nga një sëmundje
tepër e rëndë. Ushqimet me afat të skaduar, që
merrte tani e disa vite në Kryqin e Kuq, ia
shkatërruan mëlçinë.
Banon në Düren të Gjermanisë me vajzën e tij
Azalenë e që tani duhet të shtrihet në spital për
trajtime të rënda kundër kësaj sëmundjeje.
Në kohën, që përshkrova autobiografinë e mikut tim,
Agim Gashi, më kujtohen fjalët e tij:
" Unë kam shkruar për ju e ju shkruani për mua".

Të jap fjalën, miku im i paharrueshëm, se amanetin tënd do ta çojmë përpara.

" Fjala - fjalë e besa -besë ".

BESOJMË NË LIGJET E NATYRËS

Tepër tronditës ishte lajmi i hidhur, që morëm nëpërmjet ekranit të kompjuterit, ku vajza e mikut ton të çmuar, Agim Gashi, njoftonte për gjendjen e rëndë shëndetësore të babait të saj, i cili gjendej në koma.
Ulërimë tepër prekëse, ulërima e një bije, e cila kërkon ndihmë me lutjeve nga perendia për babain e saj, gjë që, nuk dëshironte kurrën e kurrës ikjen nga kjo jetë e njeriut më të shtrejtë.
Një hije e zezë mbuloi tërë horizontin. Rrufeja e këtij lajmi, copëtoi zemrat e të gjithë shqiptarëve. Pena e artë uli kokën nga mërzia dhe loti i saj, tepër i rëndë, ra mbi tel të sharkisë së rapsodit, kështu që edhe ulërima e vajtimit të sharkisë, depërtoi thellë në çdo qelizë të rruzullit tokësor.
Çdo qënie e gjallë, nisi vajin e dhimbjes për humbjen e poetit dhe këngëtarit të talentuar. Çdo njëri prej nesh e ndjeu shumë dhembjen e kësaj sëmundjeje ... aq shumë sa që, dhembja filloi të bërtiste me zë të lartë, duke thirrur në drejtim të perendisë nëpërmjet fjalëve: - "Jooooooooooo, o Zot! Mos na e merr vëllain tonë!...Mos, o Zot, të lutemi mos! Mos ua merr jetën bijve më të mirë të shqipes!
O Zot i madh, pikërisht në këtë penë të artë, ti nuk duhet të prekësh. Kjo dorë, që po kërkon ta copëtosh, është dora që i nevojitet më shumë se askush tjetër penës së artë e aq më shumë, i nevojitet të bukurës, istrumentit të sharkisë".

Kjo që përshkova më sipër, ishte dhembja që pushtoi zemrat e të gjithë dashamirëve të rapsodit, Agim Gashi. Tani po ndalem të përshkruaj dhembjen e zemrës sime.

Në qoftë se, kjo botë kaq e madhe, mbante në gji të saj peshën e dhembjes së çdo zemre të dashamirëve të poetit, zemra ime prej një personi të vetëm, në ato momente u gjend të mbante mbi supet e saj tërë dhembjen e kësaj bote të tërë.

Sapo lexova këtë lajm të hidhur, tërë dita më kaloi me lot dëshpërimi.

Qava aq shumë sa, kur më zuri mesnata, ndihesha krejtësisht e dërrmuar.

Pikërisht në atë mesnatë, m'u kujtua një fjalë e shenjtë ku thuhet: "sa po të bie mesnata, kur ora shënon 00-00, shprehe një dëshirë, se ajo do të të realizohet". Kështu, menjëhere në ato momente, shpreha të vetmen lutje për rizgjimin e të madhit poet.

Qava… po po … qava për të tërë natën dhe orët që më duhej të fleja, ia kushtova vetëm lutjeve për të.

Ç'gëzim i madh kur marr lajmin nga miku i shtrejntë, Rexhaj Avdulla, që më lajmëroi menjëherë se miku ynë sapo ka hapur sytë.

Me tregimin e lotit tim, që u shndërrua, nga një lot dhembjeje e hidherimi të mëparshën, në lot gëzimi, po e ndërpres përshkrimin e historisë së gjendjes së vështirë shëndetësore të poetit, për t'iu kthyer kohës nga mbrapa, me qëllim që të përshkruaj njohjen time me këtë rapsod. Gjithashtu, më duhet të përshkruaj edhe arësyen, që më lindi për të shkruar për këtë mik të çmuar.

Njohja ime me z.Agim Gashi, u bë nëpërmjet një postimi, që kishte bërë z.Agim në një faqe të FB.Më prekën jashtë mase vargjet, nga ku poeti ia kishte kushtuar bijës së tij, Shqipes, e cila kishte ndërruar jetë në vend të huaj. Për momentin, më lindi dëshira të lë një shkrim ngushëllimi dhe së bashku me fjalët ngushëlluese, të postoj edhe një tufë me lule si një dhuratë për Shqipen dhe një përqafim të përzemërt ta dërgoj për babain e saj, z.Agim.

Pasi Agim Gashi lexoi shkrimin tim, më përgjigjet nëpërmjet një falënderimi dhe më kërkon miqësi në FB. Unë nuk pranoj miqësi, për arsye se nuk lidhë miqësi të ngushtë me askë në FB… Shkaku qëndron te e vetmia arsye se unë nuk i besoja askujt.

Ai më shkroi në inbox dhe pasi u prezantua, më kërkoi të prezentohem edhe unë. Edhe unë u prezentova dhe aty lindi biseda jonë e sinqertë. Z.Agim krijoi besim tek unë, sikur të isha bija e tij dhe më fliste pa ndrojtje. Këtu dua të theksoj arsyen që më bëri t'i qëndroj pranë si një bijë. Në kohën që z.Agim më fliste për hallet e tij, se si jeta e kishte përpalsur pa mëshirë sa në një dallgë në tjetrën, iu them me sinqeritet, jam ndier shumë-shumë keq. Ndihesha sikur atë jetë e kisha përjetuar unë, ndaj dhembjen e tij e ndjeja pa masë.

Ditët kalonin njëra pas tjetrës dhe unë e ndiqja rregullisht këtë poet. Qëllimi, që unë u ndala në shkrimet e tij, ishin vargjet kushtuar bijës së tij, të cilat i kishte thurur me aq mjeshtëri e dhembje, por duke e ndejkur hap pas hapi nëpërmjet shkrimeve të tjera, zbulova një patriot shqiptar, me një zemër e shpirt të madh e të pastër.

Pastërtia e shpirtit të tij më nxiti ta ndiqja nëpër çdo postim që ai bënte në statusin e tij.

Ajo që më bënte të ndihesha fajtore ndaj tij ishte qëllimi që unë, herë pas here, zhdukesha duke ndërruar profil, për arsye se nuk më linin rehat, nga që të gjithë pëlqenin shkrimet e mia dhe më shqetësonin çdo sekond nëpërmjet sms-ve, që më dërgonin secili në inbox, duke më kërkuar njohje apo bisedë nëpërmjet telekamerës.

Rastësia, që sa herë unë ndërroja profil, poeti Agim Gashi ndeshej me shkrimet e mia e më kërkonte miqësi. Ai më kërkonte miqësi, sepse pëlqente atë shpirt kreativ që ishte paraqitur nëpërmjet shkrimeve të mia e jo që ia kishte idenë se cila isha.

Përsëri, po të njëjtën rrugë ndiqja unë, duke mos pranuar miqësi, por nuk përtoja edhe t'i përgjigjesha, duke ia shpjeguar arësyen se përse nuk pranoja miqësi me askënd.

Kjo mënyrë imja e të vrapuarit për t'u larguar nga të gjithë, zgjati deri në momentet kur unë lexova një postim të z.Agim, nga ku, nëpërmjet vargjeve të tij përshëndetëse, jepte të kuptoja se ishte në gjendje të rëndë shëndetësore dhe, meqë ai shkruante fjalët: "se njeriu pasi vdes nuk mund të ngrihet të përshëndes" ndalova dhe vendosa të mos fshihesha më, por të dalë me emër të hapur.

Pasi lexova një amanet, që poeti ynë i shquar na linte

nëpërmjet vargjeve, nga ku theksonte
fjalët:"Këndoni për mua, ashtu siç kam kënduar edhe
unë për ju të gjithë"... më lindi edhe dëshira për t'iu
kushtuar këtij rapsodi të preferuar.
E ngarkova këtë amanet mbi zemër e shpirt dhe me
lot ndër sy, shtrëngova fort pas shpirtit tim penën
time të dashur dhe me tërë lutjet e afshit tim ndaj
perendisë, që poeti të shërohej sa më shpejt, fillova
të hedh mbi fletë të bardhë, vargjet që ia kushtoj të
dashurit të penës e të sharkisë, z.Agim Gashi.
Do doja të ndalem pak, në këto çaste, për ta
falënderuar mikun Rexhaj Avdulla, i cili më ka
ndihmuar shumë gjatë gjithë kësaj kohe për t'i
dërguar vargjet e mija mikut tonë të përbashkët,
Agim Gashi. Gjithashtu, falenderoj edhe bijen e
Agimit, e cila m'u gjend pranë, duke më njoftuar për
shëndetin e babait të saj, e cila babait i qëndronte
pranë, duke ia lexuar shkrimet e mia çdo ditë.
Fati i mirë deshi që miku ynë të përmirsohet e të
dalë nga spitali.
Më në fund, arrita në konkluzionin se në asnjë
mënyrë nuk duhet të përsërisja të njëjtin gabim për
t'u fshehur nga malli dhe dashuria për gjakun tim.
Përfundimisht, erdhi dhe momenti i shumëpritur, që
unë të arrij të komunikoj drejtpërdrejtë me poetin
tim të preferuar. Fati trokiti, si në derën time, ashtu
edhe në derën e mikut tim të çmuar, z.Agim.
Ndihem si një flutur e lumtur nga momenti, që miku
im më shkruan, duke më paraqitur kënaqësinë
shpirtërore, që i kisha dhënë nëpërmjet vargjeve, kur

ai gjendej në gjendje të rëndë shëndetësore i shtruar në spital.

Kënaqësi edhe më të madhe ndjeja kur ai më shpjegonte për kënaqësinë, që i kisha dhuruar të gjithë familjarëve të tij.

- Më dukej vetja si në ëndërr...- ishin fjalët që më shkruante miku im.

- Unë nuk jam në ëndërr, këtë e di shumë mirë. Më ka rënduar sëmundja, por në ëndërr nuk jam. Ky është një realitet, që ti më bëre të ëndërroj - ishin fjalët që më përshpëriste herë pas here miku im i çmuar.

Më kërkoi të shkoja e ta takoj, por kur unë ju përgjigja se nuk kam mundësi, sepse jeta e mërgimit na ka vendosur barrikata, jo vetëm ai, por edhe unë, shpërthyem në vaj.

    - Ani, nëse nuk ke mundësi, mos u merakos, por unë kisha dëshirë që në këto momente të fundit të jetës sime, të të kisha ty pranë - më tha z.Agim.

Sa peshë të madhe më kanë dhënë këto fjalë loti!

Si përfundim, ja dhe arësyeja më e fortë, që unë po ia kushtoj shkrimet e mia këtij poeti të shquar. Deshiroj me gjithë shpirtë që miku im i çmuar, Agim Gashi, të rrojë sa malet, por nëse ai ndahet nga gjiri jonë për shkak të sëmundjes së pashërueshme, që e ka mbërthyer në gji, mua do më mbetet si një plagë që nuk do t'më shërohet kurrën e kurrës, se përse s'kisha mundësi ta vizitoja nga afër, por shpresoj, që nëpërmjet shkrimeve të mia, ai të ndihet

si me nënën në përqafimin e shpirtit tim, që po i
ofroj, sikur më ka gjithmonë, aty, pranë tij.
" I dashur miku im i çmuar Agim, nëse ti çdo natë e
laje jastëkun me lotët e mallit për mua (gjë të cilën
ma ke shprehur nëpërmjet sms që më lije në
inbox)...unë ata lot malli e dëshpërimi,...(se përse
gjithë kjo dhembje)... po t'i dërgoj, nëpërmjet
vargjeve të mija, që t'i kushtova me pastërtinë e
shpirtit tim".
" Mrekullitë e perendisë janë të pa fund...le të
besojmë tek i madhi Zot!"

JO, TË LUTEM, MOS IK!

Agim Gashi ti burr Zotni
S'duhet derën frikës me ia hapë,
Mbylli dyert e trishtimit
Qëndro mes nesh se të kemi babë.

Të kemi babë e të kemi vëlla
Me kujdes të ndjekim çdo ditë,
Pena jote o mendjeart
Po na edukon e po na skalit.

Në çdo skaj ku ti jetove
Zëri yt ligjëroi si bilbili,
Thure vargje për tokën Arbnore
Mbi tel t'sharkisë u bë dëgjimi.

I këndove trimave gjakderdhur
Duke mos kursyer as shpirtin tënd,
I dhe jetë botës së artit
Ndaj i madhi Agim mos ik pa vënd,

Nuk është vendi yt ai i vdekjes
Por qëndro në piedestal,
Emrin tënd o Agim djali
Ka me e thirr tërë arti mbarë.

Ke lënë gjurmë që nuk fshihen kurrë
Në çdo germë të alfabetit ship,
Ndaj të lutem: mos...mos mor burrë
Mos na jep dhembje me thikë.

Nuk pranojmë kurrë vdekje për ty
Se ajo plagë që tash na dhembë,
Ndaj të lutem o legjendë
Kthehu kthehu në vendin tënd.

Atje të pret ty toka mëmë
Që ka me t'prit e me t'këndu,
Atje të gjenden nënë e babë
Atje t'janë flijuar edhe bijt e tu.

E lusim Zotin për ty o Agim vëlla
Në tokën e kombit me të dërgu,
Atje të pret i tërë populli shqiptar
Që për jetë, kurrë s'ka me t'harru.

(19/01/2016
Ora: 14/10)

SHPËTOJE, O ZOT, AGIM GASHIN!

Lajmin e zi lexova në fb
Se ti vëlla Agim ndodhesh në komë,
Dhembja seç ma plasi zemrën
E loti shpirtin ç'ma copton.

Mos o Zot mos na prek bacën
Ai është komandanti jonë,
Po të lutem ty perëndi
Dëgjoje lutjen e zemrës sonë.

Ktheje në jetë të madhin Agim
E mes nesh lëre të jetojë,
Artistët shumë po i duhen artit
Se pena për ta shumë ka nevojë.

Po dhe sharkia e këngëtarit
Pa dorën e mjeshtrit s'mund të rrojë,
Kush ma bukur se Agim Gashi
Këngë atdheut do t'i këndojë?

S'ka as Zot as perëndi
Që ta zë vendi e t'madhit Agim,
Prandaj lutem unë me shpirt
Që për rapsodin të ketë shpëtim.

*(20/01/2016
Ora:22/04)*

TËRË NATËN E KALOVA NË LUTJE PËR AGIM GASHIN

E zbardha agimin e mëngjesit
Duke u lutur për ty Agim vëlla,
Zotit t'madh po i lutem unë
Agim Gashin nga jeta mos me e nda.

Mos o Zot mos i shesho malet
As fushat mos i përmbyt,
Po na more Agim trimin
Dhembjen e vdekjes askush se përtyp.

S'ka kuptim t'ikin më t'mirët
Se kësaj bote i duhen shumë,
Zot, mos i'a merr penës mjaltin e gojës
As melodinë sharkisë mos i'a humb.

Jepi fund ti jetës çorre
Që vërbon e vret pa fund,
Ngrije në këmbë ti Zot Agim djalin
E mos ja mer jetën me dhunë.

Shpresojmë tek ty o perendi
Se lutjet tona do t'na i dëgjosh,
Na e ngrej në këmbë Agim luanin
E ikjen e tij kurrë mos ta lejosh.

Të lutem ty o i madhi Zot
Nëse kërkon dikë me fliju,
Eja më bëj mua kurban

E Agim Gashit, lëria jetën me jetu.

(21/01/2016
Ora:06/00)

AMANET O ZOT !

Muzgu i mbrëmjes troket në dritare,
Mërzia është duke më shoqëruar,
Loti im kërcet mbi faqe,
Dhembja e zemrës më është rënduar.

Më qanë zemra më qanë shpirti
Mendja seç po don me m'dalë,
Jam në hall se si u bë vëlla Agimi
Sëmundja po na e mban peng në spital.

Ndihem ngusht për vëllain tonë
Sepse në komë ai ka ra,
Ndihem e pa shpirt nga ky rënkim
Dua hekurin në dysh me e nda.

Mundohem dhembjen ta kafshoj
Dhe lotin po e kthej në lutje,
I lutem Zotit për vëlla Agimin
Ta dëgjojmë përsëri duke këndue.

Merre o Zot ti lutjen time
Dhe Agim Gashit bëja dhuratë,
Ktheje mes nesh këngëtar bilbilin
Se sharkia po e pret me mall.

Po e pret pena e tij e artë
Me thur vargje në poezi,
Po e presim ne vëllaznia mbarë
Që t'festojmë për jetën e tij.

Na e shpëto ti Zot Agim djalin
Se në hall ne kemi mbetë,
S'ka kush na e çel derën e fjalës
Ndaj të lutem ty o Zot, lutjen po ta lë amanet.

(21/01/2016
Ora: 19/44)

DORA E ZOTIT

Fryu një erë e fortë si kuçedra
Një lis pa dashur don m'u rrëzu,
Seç u inatos Zoti me djallin
Diku lart... atje në qiellin blu.

Ç'bën kështu more përbindësh?
S'e shikon ç'mëkat po bën?
Përse do artin t'ia heqësh penës?
Sharkinë mes dallgëve, përse don me lënë?

Ik mor djall mos shkatërro botën
Mos guxo t'dëmtosh lisat më të mirë,
Jam unë Zoti, mbret i Agim Gashit
Që do i gjendem në ditë të vështirë.

Merre uratën ti Agim trimi
E lufto me fatin e zi,
Sa herë djalli të të t'sulmojë
Ti mbrohu me lutjet në perendi.

Mos harro penën e artë
Merre e shkruaj një fjalë të çmuar,
Thuaj halle kam por kam një Zot
Dhe Zoti i madh do t'më ndihmojë mua.

(22/01/2016
Ora:01/34)

FALEMINDERIT O ZOT!

Nënë e bir të përqafuar
Një buzqeshje shprese na dhurojnë në fotografi,
Sa na u gëzua zemra o Agim djali
Që sëmundjes me ndihmë të Zotit ia hodhe ti.

Të falënderojmë ty i madhi Zot,
I nderuar qofsh ti perëndi,
Sa gëzim kemi ne të gjithë sot,
Që na e ktheve artistin në sharki.

Merre penën o i madhi poet,
Thure një varg me të çmuarën fjalë,
Thuaj Zot të kemi pranë në jetë,
 Të kemi borxh sa të jemi gjallë.

Me njërën dorë ti shkruaj vargje
E me tjetrën vallzo me sharki,
Ligjëro o bilbil i botës së artit
Jo vetëm bota, por edhe perëndia të don ty.
(*23/01/2016*
Ora:13/09)

NDERIME

Nënë, ti qofsh për jetë e nderuar
Me gjithë zemër të përulem ty,
Bekuar të qoftë gjiri yt nënë e dashur
Që na dhurove një artist zemër flori.

Nënë e shtrejtë, ti rrofsh sa malet
Sa malet le të na rrojë dhe artsiti jonë,
Bekimi i Zotit rëntë mbi jetën tënde
Dhe biri yt Agim Gashi është me ne përgjithmonë.

Të dyve ju paçim me jetë e shëndet
Dhe Zoti ju qëndroftë gjithmonë për karshi,
Faleminderit o Zot që lutjet tona i dëgjon
Faleminderit,që penës e sharkisë i jep lumturi.

(23/01/2016
Ora:16/11)

NJË FOTOGRAFIA QË FLET

Një foto mbaj në duar,
Që plagë të lë në shpirt,
Mbi sfond një poet
Nga sëmundja qëndron shtrirë.

Për karshi një bijë...
Dhembjen mbulon me puthjet e saj,
Rreth fotos një botë e tërë
Që lotë derdh sa një oqean.

Në foto shikoj dy sy të përmalluar
Që botën e artit kërkojnë,
Nga ana tjetër sytë tanë lotojnë
E lutje perëndisë i dërgojmë.

Bashkë me ne pena e sharkia
Ia kanë nis të bërtasë,
Ku je o artist djali?..
Eja,Zoti pa ndihmë mos të lashtë!

Na ke munguar shumë...
 O vëlla o shpirt,
Të presim të kthehesh mes nesh
 Syve për t'na dhënë dritë.

Po të presim ne....
Po të pret pena e sharkia me mall,
Lufto o Agim luani
Se jetën Zoti ka me ta fal.

(24/01/2016
Ora:16/24)

NDIHEM KEQ.

Agim ....o i shtrejti im vëlla,
Dëgjom sa në hall kam ra.
Ndihem keq sëmundja po të mundon,
Ndihem keq dhe loti nuk m'pushon.

Ndihem keq, mendja më iku fluturim,
Ajo iku ditën kur re në spital në mërgim,
Ahhhhh !...mërgim- mërgim sa i rëndë paske qenë,
Edhe gurin e theve dhe jetën e mbushe me helm.

Një brengë trishtimi ç'po më shtrëngon në shpirt,
Shpirti qanë, syri pa ty jo s'ka dritë,
Zemra vuan e me këmbëngulje perendinë kërkon,
Lutjet e saj mrekullive të Zotit ia beson.

Dora ime vazhdon të shkruaj për ty çdo ditë,
Të jam mirënjohëse, për të gjitha mirësitë,
Prandaj, nuk do t'ndalem duke u lutur e falënderuar,
Ty o Zot, në se lutjen time e ke pranuar.

(24/01/2016
Ora:23/32)

SHPRESOJMË TEK TY O PERËNDI.

E përkulur po të drejtohem ty o perëndi,
Dëgjom se kam një lutje për ty,
Vajin e lotin ma fshij ndër sy,
Agim Gashin të lutem na e kthe në shtëpi.

U bë kohë që kanceri i zi e ka burgosur në spital,
Zemra jonë është ndalur e shpirti ka nisur të dalë,
S'pranojmë, jo kurrë, të heshtë një penë e një sharki,
Të lutem o Zot, dërgo një ilaç shpëto një mrekulli.

Ofroje ndihmën tënde atje ku gjendet i madhi poet,
Jepi forcë doktorëve për të shpëtuar një jetë,
Jepi forcë këtij trimi të luftojë me shpresë,
Pranoje lutjen time mos e lër të vdes.

Kam besim tek ty, o i plotfuqishmi perëndi,
Se do t'i japësh fund kancerit të zi.
Presim ne presim, presim me padurim,
Të na kthehet trimi, me buzëqeshje... me fitim.

(25/01/2016
Ora:14/44)

LUFTO O AGIM GASHI !

Pas një ekrani të vogël kompjuteri
Të gjithë gjendemi të mbledhur si në miting,
Të gjithë së bashku po presim,
Të na kthehet trimi, që ndodhet në dyluftim.

Lufto o Agim djali e kurrë mos u dorëzo,
Të ka lindur nëna, për të qenë hero,
Hero nuk mund të quhet vetëm ai që vdes,
Heroi më i madh je ti që jep dritë e shpresë.

Ndaj të lutem shumë, ty o penë e artë,
Mos ja lejo djallit, poetin të na e godas.
Ku je ti sharki më thuaj, më dëgjo,
Lufto përkrah trimit e djallin në kokë qëllo.

Lufto o Agim luani e sëmundjes thuaj jo,
Mos iu dorëzo sëmudjes por lufto e fito.
Të presim me padurim të dalësh fitimtar,
Do t'ia marrim këngës, me krush e dasmorë.

Do t'bëjmë dasëm të madhe sa ta marrë vesh bota,
Se pena ka një t'Zot e sharkia është jotja,
Do të hedhim valle sipas traditës sonë,
Do t'falënderojmë Zotin sot e përgjithmonë.

(25/01/2016
Ora:15/29)

FALENDEROJMË ZOTIN

Një dritë shprese na e ndeze
Zemrat tona na i bëre mal,
Të falenderojmë i madh Zot
Që Agim Gashin na e rizgjove prapë.

Të falenderojmë o perëndi
Për lutjet tona që na i dëgjove,
Pa ty o Zot nuk ka jetë
Të falënderojmë që s'na harrove.

Kudo të shkojmë, në zemër të mbajmë
Ti je forca që na forcon,
Dashuria jote zemrat na i ngroh
Emri yt i bekuar qoftë përgjithmonë.

(28/01/2016
Ora:22/25)

VAJI I DHEMBJES.

O bre vëlla Agim!... ç'na dogji malli,
Çdo ditë e më shumë je duke na munguar,
Çohu bre trim se po t'thërret vatani,
Këngën më të bukur për t'ia kënduar.

Çohu bac Agim se po t'pret familja,
Zërin babës me ia dëgjuar,
Kur mungon baba, pikon dhe çatia,
Ahhhhh, fati i zi si qenka shkruar!

Çohu mik se po t'pret miqësia
Kur mungon ti për ne gjumë nuk ka,
Vëndi yt është i pazëvëndësueshëm or mik
Ti na u bërë babë e ti na dole vëlla.

Çohu i madhi poet se po të pret pena
Vargjet e nisura t'i mbarosh,
Çdo varg tëndin po e kërkon sharkia
Me dashurinë e shpirtit ti ta këndosh.

Ç'paska qenë ky fat i i zi për ty o mërgimtar
Me zinxhirët e vuajtjes jeta të shtrëngojë,
Po si nuk u ngop ky djall i hakmmarrjes o vëlla
Duke të përplasur pas jetës, ashtu si ai të dojë.

Ç'paska qenë ky fat për ty o poet
Që penën ta lësh jetime… pa bojë,
Po ç'fat i hidhurt edhe për telat e sharkisë o rapsod
Që kënga të mbetet me vajin e dhembjes në gojë.

(29/01/2016
Ora:13/15)

DURIM VËLLA!

Si qenka kjo jetë kështu o vëlla?
Në dhe të huaj e vaji mos me na u nda,
Derisa shkruaj digjem nga meraku në Itali,
Shpirti yt gjigand me sëmundjen në Gjermani.

Trupi yt i shtrirë, gjendet në spital me javë,
Me ditë të tëra, dora ime shkruan e qanë me fjalë,
Qaj për jetën tënde, sa shumë të ka munduar,
Vajtoj mallin e mërgimtarit me shpirt përvëluar.

U dogjëm e u shkrimë nga i njëjti zjarr,
Mall ka vëllai për motrën e motra për vëllanë,
Ahhhh !..jeta e kurbetit për ty o kurbetçar,
Qenka plagë pa fund, qenka vdekje pa varr.

Duro o vëlla e kurrë mos u dorëzo,
Jepi forcë trupit... ngrihu e lufto,
Lufto për shëndetin, që të bëhesh mirë,
Lufto për bijtë e tu që t'mos i lësh jetim.

Lufto për penën e artë, që ti japësh dritë,
Lufto për sharkinë, që t'këndojë vit për vit,
Lufto për ne të gjithë, që të duam shumë,
Lufto për atdheun, që emri kurrë të mos i humb.

(31/01/2016
Ora:22/04)

ATDHEUT I JEP DRITË

Breje hekurin vëlla e të keqen lufto,
Ti na duhesh të gjithëve se të kemi hero,
Ti je pishtari që atdheut i jep dritë,
Ti je vetë ylberi që zbukuron çdo stinë.

Ti je krenaria që një komb e mbanë gjallë,
Ti je shqipe e bekuar, që mëmëdheut i jep krah,
Ti je baba i përkryer, që fëmijëve u jep jetë,
Ta festojmë ditëlindjen e vajzës të mbushur 18-vjet.

O, të lutem shumë, kurrë mos u dorëzo,
Ti je zemërçelik, ndaj sëmundjen lufto,
Mbaju fort në fjalën, që gjithmonë të ka hijeshuar,
Thuaj jo vdekjes, thuaj jo nuk vdes në dhe të huaj.

Thuaj jo lamtumirës që me çdo kusht po të kërkon,
Thuaj më pret vajza e s'kam kohë aspak të shkoj,
Thuaj se kam nënën, që më kërkon mua,
Ajo do të tretet nëse këto fjalë s'i thua!

Thuaj më pret pena për të shkruar vargjet e saj,
Thuaj më pret sharkia se ka mbetur në vaj,
Thuaj më pret miqësia që shumë më don mua,
Thuaj trimin e pret atdheu me këngën e përmalluar.

Kthehu ti vëlla e mos na lër vetëm,
Shumë po na mungon sa po flasim me veten,
Po i lutemi Zotit, që të shërojë sa më shpejt,
Nuk është koha e ikjes, por Zoti e di vet.

(02-02-2016
Ora:00-14)

ATDHEU KRENAR

Sa jetë e poshtër
Sa jetë katile,
Pse prek aty ku dhemb
Moj e pamëshirshme?

Ka plot parazit
Që i bëjnë hije tokës,
Përse shkon e rrëzon
Atë që i nevojitet botës?

Ka plot mbeturina
Që qelbin tabanin,
Përse po ia vret atdheut
Lulet e vatanit?

Përse o Zot...?
Përse o perëndi?
Përse e gjitha kjo jetë
Të jetë vetëm një padrejtësi?

Ç'faj ka mërgimtari
Që lumturia s'e njeh?
Mos të lutem o fat
 Mos mos u hakmerr.

Ç'faj ka poeti Agim Gashi
Që lindi me një shpirt të madh
Përse po na e largon nga pena
Të madhin tonë luan?

Përse lexuesin admirues
Po na e lë jetim,
Përse ke vendosur që atdheut
T'ia marrësh artistin më të mirë?

Ku do ta gjejë fëmija
Babën kur ta thërras?
Ai do të digjet e do të tretet
E zemra do t'i plasë.

Po nëna e mjerë
Ç'do t'bëjë pa birin e saj,
Ajo tashmë është plakur
S'ka fuqi të përballet me të ziun varr.

Ku do ta gjejë atdheu
Rapsodin legjendar,
A do t'gjendet një pëllëmbë tokë e vëndlindjes
Që Agim Gashit t'i bëhet lapidar?

O moj jetë e hidhur
Ti që vendos për fatin tonë,
Po vendose të na marrësh trimin
Na e kthe në atdhe me flamur e kurorë.

(07/02/2016
Ora:13/56)

PRESIM ME SHPRESË

Zbardhi mëngjesi e iku nata
Në pritje të poet Agimit me na njoftu,
Si u bë shëndeti, a është më mirë sot
A din kush me na tregu?

Për tërë ditën prita pas dere
Se pena e tij diçka ka me shkru,
Por kur heshtja mbizotëroj fjalën
Ahhhhhh!.....ç'merak më zuri mu.

Prandaj mu desh të shtrëngoj penën
Vendosa klithmën e vargut me i'a kushtu,
Nëpërmjet lutjes drejtuar perendisë
Lutem me shpresë se lajmi i mirë ka me na gëzu.

Presim nga ty o i madhi Zot
Se vëlla Agimin ke me na e shëru,
Shpirti i tij i madh sa një botë
Për jetë të jetës ka me të nderu.

Do të nderojë rapsodi vet
Duke kënduar me shpirt për të gjithë,
Tërë njerzimi ka me t'u përulë me respekt
Për të shejtat tua... mrekullitë.

(11/02/2016
Ora:18/29)

LUTJET E MIA

Ty o Zot të qofshim falë
Për çka na jep e çka na merr,
Por mos të lutem mos na s'provo
Rapsodin tonë, jo mos na e prek.

Të jam lutur me mijëra herë
E me mijëra herë do të lutem përsëri,
Na e kthe mjeshtrin e penës e t'sharkisë
Se ai në pentagram ka vendin e tij.

Vëre dorën në zemër o perendi
E lutjet e mia ti m'i prano,
Mos na e merr vëlla Agim Gashin
Jo të lutem, zemrën mos na e shkatërro.

Nëse dikush të duhet ty
Eja më mer se jam në pritje,
Vetëm lutjen time ti ma dëgjo
Për Agim Gashin, jo, s'duhet t'ketë ikje.

Jam e gatshme të vijë me dëshirë
Për të sfiduar me padrejtësitë,
Atje tek ty unë kam vendin tim
Ndërsa Agim Gashi i duhet penës dhe sharkisë.

(11-02-2016
Ora:22-33)

NUK JE VETËM

Lexova vargjet që bukur i ke shkruar
Duke ia kushtuar luftës me vdekjen,
Edhe përse kam ditë që për ty jam duke vajtuar
Përsëri u gëzova nga vargu i "të dashurit të penës".

I dashur poet Agim Gashi
Mos thuaj se ke mbetur pa dashuri,
Nuk ka dashuri më të madhe në jetë
Se sa dashuria e artit, që të jep forcë ty.

Prandaj, vëlla i dashur më dëgjo,
Lufto e vdekjes thuaj jo!
Thuaj jo!..jo nuk rrëzohem nga këmbët e mia,
Se forcën për të luftuar djallin ma jep perendia.

I dashur rapsod i jetës në mërgim,
Eja mbështetu këtu në krahun tim,
Prano një dedikim që të dërgon shpirti im,
Me mijëra përqafime për këtë Shën Valentin.

(14-02-2016
Ora:12-00)

MË PRIT PËR ÇDO DITË

Agim o vëlla o shpirt,
Më jep nga shpresa pakëz dritë,
Të premtova se do shkruaj gjithmonë për ty,
Pritmë ta botoj librin, që po shkruaj me lot në sy.

Me shumë mall biseduam gjerë e gjatë,
Më flisje për hallet unë dhembjen e ndieja në palcë,
Në kohën që qaja e të kërkoja mos u dorëzo,
Ti më luteshe, shpjeto se koha ikën e mos ndalo.

Shpejto më the e shpirtin ma gëzo,
Dua të t'shikoj vetëm një herë, ndaj eja më tako.
Nxito e librin ma boto para se të vdes,
Se vdekja po më thërret, po ika të kërkoj ndjesë.

Kur dëgjova fjalën ikje u shtanga si e mpirë,
Bëja të ecja përpara por përpara më hapej një gropë,
U fundosa e tëra dhe s'po mundem të dalë dot,
Ndaj të lutem vëlla më prit edhe sot.

Më prit sot e më prit nesër
Rreshtoi ditët një nga një,
Mblidhi muajt e kthej në vite
Vitet rrofshin për tëndin zë!

Rrofshin vitet që do t'më presësh
Për të shtrejtin përmallim,
T'kam dhënë fjalën e do ta mbajë besën
Se pena ime kurrë nuk të lë në harrim.

(14-02-2016
Ora:23-06)

SA E HIDHËT JETA E KURBETIT

Loti im pikon nga syri
Për t'pashmangshmin përmallim,
Zemra seç ma godet kraharorin
Sa herë marr mesazh nga ti vëlla Agim.

Shpirti seç po don me dalë
Për të ardhur atje tek ti,
Se ti po m'kërkon me mall
Digjem unë e digjesh ti.

Sa e hidhur qenka jeta
Kur lufton me padrejtësi,
Nuk ka dhembje më të tmerrshme
Kur motra vuan për vëllain në largësi.

Ahhhh... kurbet kurbet i mallkuar
Sa në distancë që po na mban,
Si nuk t'u dhimbs kjo jetë e mërguar
Ndave motrën me vëllanë.

Më fal vëlla për çdo pikë loti
Që po derdh unë si ujvarë,
Shpresoj lotin tim ta vlerësojë Zoti
E ty të shëroftë sa më parë.

(15-02-2016
Ora:17-50)

MESAZH NË INBOX.

Një mesazh marr nga ti
Më shkruaje: "duket vetja në ëndërr,
Sëmundja vërtet më ka rënduar
Por ti e dashur gjindesh në zemër".

Më shkruaje se mendjen po e mundoje
Dita-ditës duke ëndërruar,
Jo, jo, më thoje, nuk jam në ëndërr
Unë vërtet ty shuuuuumë të dua.

Zemra do të më pëlcas
Kur lexova fjalët e tua,
Më shkruaje se kurrë nuk kam qarë kaq shumë
Sa ç'po qaj tash kur gjendem në spital i shtruar.

Të pyeta përse vallë po rëndohesh?
Mos vallë frika e ndarjes nga jeta të ka gjunjëzuar?
Apo malli që po të dhurojnë vargjet e mia
Mos vallë shpirtin ta kanë përmalluar?

Aty u ndale ti në vajtime,
Po aty u ndala edhe unë në përqafime,
Ti qaje se malli të kishte përvëluar,
E unë fjalët e zemrës t'i dërgoja për të ngushëlluar.

Mbetëm të përqafuar nga lotët e plagës
Që kurbeti na e vërboi këtë jetë,
Ti qaje e luteshe për shpresën e ëndrrës
Ndërsa unë lotët i derdhja si lum në det.

(15-02-2016
Ora:20-43)

JETA PA TY VËLLA S'KA KUPTIM

Agim Gashi,vëlla o shpirt,
Dëgjoje penën që ka dalë me t'lyp,
Që ditën kur re në spital,
Sharkia e malli ia kanë plasur në vaj.

Zogjët e malit këngën kanë ndaluar,
Nën heshtjen e këngës janë duke vajtuar,
Po qanë dhe vet shqipja e dëshpëruar,
Për djalin e saj që e ka të mërguar.

Nëna e mjerë me duar në gji,
Lutet e lutet për t'birin në Gjermani,
Fëmijët shpirtlodhur e të dërrmuar,
Hyjnë e dalin n'spital të pikëlluar.

Sa herë shikojnë babën t'shtrirë në krevat
S'bashku me babën mallkojnë të ziun fat,
Miqësia e penës dhe e Arbërisë
Me lot e mbulojnë rrethin e shtëpisë.

Për në fund lash veten time,
Ah moj jetë moj jetë katile,
Ç'farë të them për jetën në megrim,
Vitet ma helmuan jetën larg vëllaut tim.

Aq më keq kur shëndeti i vëllait keqësohet,
Oh, motra e vetmuar sa shumë trishtohet,
Mallkoj ditën që kur kam lind,
S'duroj ndarje nga vëllai im.

Më fal vëlla. vëlla Agim,
Përse u dorëzova e s'bëj dot durim,
Tepër vështirë kur të shoh duke vuajtur,
S'më duhet vetja ndihem e humbur.

(16-02-2016
Ora:11-14)

TË FLAS NË EMËR TË MIQËSISË

I dashur dhe i çmuar vëlla Agim,
Më lejo të dërgoj mallin që ndien shpirti im,
Dëgjoje zemrën që e përmalluar po të kërkon,
S'dua lot ndaj buzëqeshje dërgom.

Na ke munguar shumë me sharki,
Edhe penën e ndienim të qante çdo ditë për ty,
S'na mbeti forcë dhembjen për ta përballuar,
Mungesa jote, o shpirt, zemrën na e ka përvëluar.

Tani që Zoti të ktheu përsëri mes nesh,
Çdo frymëmarrje jotia jetës sonë po i buzëqesh,
Mos u dorëzo kurrë o i çmuari rapsod,
Ty të lyp pena e sharkia të do për jetë e mot.

Ti për ne je bërë si i pari i shtëpisë,
Ndaj lutemi për ty me uratën e perendisë.
Çdo ditë po shpresojmë tek i madhi Zot,
Që e ardhmja jote t'mos na kthehet në lot.

Së fundi të uroj, në emër të të gjithë miqesisë,
Të na rrosh sa malet o trim i atdhedashurisë,
Jetëgjatësi i urojmë edhe penës tënde të çmuar,
E sharkia kurrë mos u ndaltë me ty duke vallëzuar.

(19-02-2016
Ora:13-45)

NJË TUFË LULESH

Një tufë lule po t'i dërgoj
Ty i dashur vëlla Agim
E t'ia dërgosh Shqipes tek varri
Gjithashtu t'ia dërgosh edhe një përqafim.

Fshije lotin vëlla Agim Gashi
E për Shqipen tënde zemrën forco,
Vajza për babën ndihet krenare
Ë një këngë malli asaj ia këndo.

Të na rrosh sa malet o zemër luani
Që bijën tënde nëpërmjet sharkisë po e kujton,
Edhe Shqipja e bekuar u prehtë në paqe
I paharruar kujtimi i sajë qoftë përgjithmonë!

(20-02-2016
Ora:14-15)

TË PREMTOVA

Të premtova vëlla Agim Gashi
Se gjithmonë do të shkruaj për ty,
Ja dhe shkrimet e para po t'i paketoj në libër
Në tokë t'Arbrit, do t'i lë kujtim për brezin e ri.

Të qoftë falë shpirti im
Që nëpër vargje e thura kurorë,
Për sa të jem gjallë o i madhi rapsod
Jo kurrë për jetë s'do të t'harroj.

Me shkrimet tua do t'ecim përpara
Duke të nderuar me shumë respekt,
Për çdo këngë që të këndoi zemra
Brezit t'ardhshëm do t'ia lëmë amanet.

(25-02-2016
Ora:14-44)

ÇDO DITË I NJËJTI MALL

Nuk ka ditë që nuk të mendoj,
Nuk ka natë që për ty s'ëndërroj,
Zotit i lutem me gjithë shpirt
Që poet Agim Gashi të bëhet mirë.

Kam një mall që dot se përshkruaj,
Ai mall është i madh shumë,
Me mijëra hapa bëj që ta shuaj,
Por ai vërshon.... vërshon si lum.

Më ka marrë malli të t'shikoj në sy
Ta shtrëngoj dorën e të t'përqafoj,
Mall kam shumë për buzëqeshjen tënde
Pa buzëqeshjen tënde, jo s'mund të rroj.

Më ka marrë malli për vargjet e tua
Çdo shkrim yti është ndinjë lumturie,
Mall kam edhe për zërin tënd o bilbil
Ta dëgjoj nën melodinë e një sharkie.

Ja pra i dashur Agim o vëlla
Nëpërmjet penës time çdo ditë t'kujtoj,
Mallin që ndien kjo zemra ime
Nëpërmjet lutjeve tek perendia i dërgoj.

Kudo eci e ngado që unë shkoj
Vetëm lutem e lutem për ty,
Flas me vete kërkoj në Zot

Që poeti t'na kthehet me buzëqeshje në sy.

(08/02/2016
Ora:14/30)

LOT MALLI

Të gjithë më pysin
Ç'është gjithë ky vaj
Kush të ka vdekur
Përse kaq dhembshëm qaj?

Ç'farë t'iu them
Ç'farë t'iu tregoj
Edhe po të flas
Askush s'do t'më kuptoj.

Askush t'vërtetën s'do t'ma besoj,
Unë qaj për mallin që më përvëloj,
Qaj për vëllain që kam në Gjermani,
Jeta na ndau e takohemi s'na jep mundësi.

Pa më thoni ju e gjitha miqësi,
Kush është ai që s'e do vëllain e tij?
Ja pra se malli të hap veç varrë,
Vdekja është më e idhët në trupin e gjallë.

(02-03-2016
Ora:23-43)

MERAKU PËR TY

Ç'merak i madh më zë për ty
Kur zërin t'mekur ta dëgjoj,
Lotët rrjedhin si shiu me rrëmbim
Kur më thua "mike mos ik, sëmundja më rëndoi".

Të kërkoj me këmbëngulje,
Drejt spitalit ti të vraposh,
Por kur më thua se u mbyll dhe ajo derë shprese,
O Zot, jo! Të lutem mos harro të na dëgjosh.

Dëgjoje o Zot ti lutjen time
Rapsodin tonë ti na e ndihmo,
Mos e lufto engjëllin e penës
Këngën e Agim Gashit mos e ndalo.

Amanet ti perendi
Bëj diçka për vëllain tim,
Jepi forcë të luftojë me dhimbjen
Bekim dërgoi...atje në mërgim.

Jepja dorën dhe k'të radhë
Që poeti t'përqafohet me penën,
Sharkia pa mjeshtrin s'jeton dot
Keqësimi i tij seç na e copëtoi zemrën.

Që të gjithë po presim me shpresë
Që Zoti vetë të bëjë mrekulli,
Ki mëshirë o Zot për vëllain tonë
E mos na e merr me padrejtësi.

(03-03-2016
Ora:00-01)

PËRSE?

Përse kaq e pa drejtë kjo jetë?
Përse kaq të djallëzuar njerëzit në ditët e sotme?
Janë dy pytje, që shpesh herë po ia drejtoj vetes, por
asnjëherë nuk e mora përgjigjen e duhur.
Po të analizosh jetën e çdo njërit prej nesh, secili
person në jetën e tij ka të përjetuar një dramë, që po
ta hedhësh në fletë të bardhë, mund të përbëjë një
roman në vete. Ashtu si shumë e shumë kosovarë të
tjerë, të cilët vijnë nga një jetë e hidhur nga
persekutimi serb, ashtu edhe rapsodi i shquar, Agim
Gashi ,vjen nga i njëti persekutim (ashtu siç e
theksova edhe në përshkrimin e aoutobiografisë së
tij).
Nga mallkimet e padrejta, që ndjekën tërë shqiptarët,
edhe rapsodit tonë i takoi fati i mallkimit të
emigrimit.
Edhe përse larg atdheut, si çdo gjak shqiptari, ai
kurrë nuk e humbi dashurinë për vendlindjen.
Krejt ndryshe nga të tjerët, ai kishe diçka më të
veçantë, që e mbante sa më pranë atdheut e sa më
pranë të gjithë shqiptarëve.
Atë e lindi nëna mendjemprehtë e zë bilbili, për këtë
arsye, vargjet që i thurte atdheut dhe këngët që i
këndonte gjithmonë kombit, të jepnin krenarinë e
vërtetë të një shqiptari, nga ku, nga shembulli i tij,
ne të gjithë, si emigrantë, krenoheshim para botës
xheloze.
Deri në momentet që z.Agim jepte për atdhe e për ne
të gjithë shqiptarët, ai ishte i mirëpritur dhe i

duartrokitur nga të gjithë si një mik,vëlla,shok e gjithçka i shtrenjtë, që mund të jetë njeriu në jetën e përditshme. Por në mometet, që sëmundja e rrëzoi dhe nuk po jetonte dot më as për vete e le më që të kishte mundësinë të na jepte më shpirt nga shpirti i tij, për çudi, dalë-ngadalë, miqtë filluan t'i shndërrohen në armiqë.

Me paturpësinë më të madhe, në kohën, që një i sëmurë ka nevojë, qoftë edhe për një pikë ujë nga duart e të dashurve të tij, dikush përfiton nga kjo fatkeqësi e na shkruan: "Ç'na duhet të mendojmë për një plak në Gjermani, kur kemi fëmijët në Kosovë, që kanë më shumë nevojë".

Uaaaaaauuuuu!......sa u shtanga nga kjo injorancë, e cila me paturpësinë më të madh, flet me gojën e palarë të një të pashpirte.

Domethënë, deri kur njeriu jep - duhet ta duam dhe, në momentet që ai nuk mund të japë më, jo për dëshirën e tij, por për fatkeqësinë e sëmundjes, që e ka prekur, jo vetëm që s'vlenë më, por edhe duhet ta urrejmë e ta ofendojmë nëpërmjet fjalëve vrasëse: "Ç'të duhet jeta more plak"?

Turp –turp-turp.

Në qoftë se ti, paturpësi, nuk ke asgjë me vlerë që mund t'i japësh kësaj bote nevojtare, të duhet urgjentisht të zhdukesh nga sipërfaqia e tokës për të mos mbjellë më farë të keqe. Krejt ndryshe nga ti, rapsodi Agim Gashi jo vetëm i gjallë, por edhe sikur ai të vdes, jam e sigurtë se edhe nga varri do të ngritet e ka me dhënë shumë e më shumë diçka të vleshme, ndaj për këtë asye, ia vlenë, jo vetëm për

Agimin, por edhe për ne, që ta duam jetën e tij.
Gjithashtu, jemi të detyruar nga vetja për hir të
asaj ç'ka dha vëllai ynë për ne, të japim edhe ne për
atë.
Kjo vepër, në shenjë rrespekti, që do t'ia dhuroj unë
emrit të të madhit - rapsodit shqiptarë, Agim Gashi -
le të mbetet si një vepër nderi kundrejt veprave të
pavdekshme që bëri ai në jetën e tij, duke i kënduar
atdheut,dëshmorëve, që dhanë jetën për lirinë, që
Kosova e populli i saj e gëzojnë sot, i këndoi
emigrimit, i këndoi figurës hyjnore të femrës, siç
është e shtrejta nënë, i këndoi dashurisë, emigrimit,
etj..etj....
 Krahas këtij nderimi që po i bëj figurës së rapsodit,
dëshiroj të dërgoj edhe një mesazh në destinacionin
e duhur, që çdo kush që lexon këtë libër, ju këshilloj
që ta duani jetën e tjetrit më shumë se jetën tuaj...
qoftë fëmijë, adoleshent apo plak, sepse, vetëm në
këtë mënyrë e kemi të vetmen mundësi të mos ia
mohojmë vetes emrin e të qenmit njeri.

Pasqyra e Lendës

Finito di stampare nel mese di Maggio 2016
per conto di Youcanprint *Self-Publishing*

* 9 7 8 8 8 9 1 1 9 9 5 7 7 *